AF258642

48
b 961

L'OBSERVATEUR.

L'OBSERVATEUR,

A

MONSIEUR DE CAZES.

PAR M. J. B. P. S.

Qui parti civium consulunt, partem negligunt, rem perniciosissimam in civitatem inducunt, seditionem atque discordiam; ex quo evenit, ut alii populares alii studiosi optimi cujusque videantur, pauci universorum.

CICÉRON. Off. liv. 1, c. XXV.

BIBLIOTHÈQUE ROYALE

MARSEILLE,

Chez Antoine RICARD, imprimeur de la Préfecture,

1817.

L'OBSERVATEUR,

A

MONSIEUR DE CAZES.

MONSIEUR LE COMTE,

JE ne suis rien; je n'ai besoin de rien; je ne demande rien; je ne suis bon à rien. Observer est mon métier, et je le fais sans qu'on me paye. Aimer ce qui est bon, respecter ce qui est respectable, est un engagement que j'ai contracté avec la nature; je vais en prendre un avec vous, Monsieur, qui ne sera ni moins noble, ni moins important. Je vais vous dire la vérité telle que je la vois, telle que je la sens, telle que je l'observe, telle que je la dirais au Roi lui-même si j'avais le bonheur de l'approcher.

Vous devez juger, par ce début, que je vous parlerai de la meilleure foi du monde ; que si je suis dans l'erreur, j'y resterai certainement jusqu'à ce que j'en sois tiré par l'évidence ; que si je vous présente la vérité, je vous la présenterai sans amertume, sans illusions et sans détours. De l'amertume !.. et comment en aurais-je ? La révolution ne m'a rien donné ; la révolution ne m'a rien ôté ; la révolution, qui a déplacé tant de gens, renversé tant de fortunes, m'a laissé précisément à la place que la providence avait assignée à mes pères. Je ne tiens d'elle, je n'ai perdu par elle, ni titres, ni honneurs, ni richesses, ni dignités : voilà pour le physique. Quant au moral, j'ai souffert des maux de la patrie, comme on gémit tous les jours des malheurs de l'humanité ; mais, rapportant tout à une cause première, soumis avec résignation aux lois de la nécessité, je hais le crime et plains le criminel. Dans les folies de l'esprit humain, dans les travers de la perversité des hommes, je trouve toujours des grâces à rendre au grand moteur des événemens d'ici-bas. Mon cœur n'a jamais connu la haine !.. L'homme coupable est si malheureux, qu'en vérité les peuples et les rois auraient pu se dispenser d'inventer des supplices.

Des illusions ! .. Serait-il possible, après tant de calamités, après tant d'épreuves funestes, avec tant de souvenirs déchirans, qu'on pût se faire encore illusion sur les moyens de rendre à la France, sinon la gloire, du moins le repos ; sinon la prospérité, du moins l'état de calme et de bonheur qui la précède ? Ne connaît-on pas maintenant la signification réelle des mots, et la valeur intrinsèque des choses ? Hommes d'état, j'ai vu jaillir dix fois la vérité du choc de vos opinions diverses : mais le lacédémonien Pédarète s'estimait heureux de trouver dans Sparte trois cents hommes valant plus que lui; avouez-le de bonne foi : avez-vous jamais trouvé un seul homme qui ait mieux pensé que vous ?..

Des détours !.. Je vous ai dit, Monsieur, que je vous parlerai de bonne foi. J'exposerai toute la pensée d'un citoyen à la conscience d'un Ministre du Roi de France. Je dirai ce que j'ai vu, ce que j'ai entendu, ce que j'ai bien compris depuis vingt ans que j'étudie l'opinion publique. Je dis l'opinion publique, et je le répète, crainte que vous ne preniez cette opinion-là pour celle du département que j'habite ou de la province dans laquelle je puis avoir des relations. Que si toutefois les principes que vous défendez et que vous faites défendre ne s'accordent pas entièrement avec ceux qui seront développés dans cet écrit, n'imaginez pas que mon projet soit de vous instruire. C'est bien plutôt pour être instruit moi-même que je vous fais parvenir mes observations. Si je crois voir le bonheur de la France ailleurs que là où vous le cherchez; si, après avoir recueilli les voix, je trouve que la majorité des Français juge les choses comme moi-même, et les hommes comme j'ai toujours craint de les juger; alors, ou je suis dénué de tout sentiment patriotique, et mon cœur glacé par l'égoïsme est fermé à l'amour de mon Roi et de mon pays; ou je dois me faire expliquer ce qui me frappe, car l'étonnement a déjà fait place à la crainte, et je commence à redouter ce que je croyais d'abord n'avoir pas bien compris.

Cela posé, il me reste à vous prévenir, Monsieur le Comte, que la discussion à laquelle je vais me livrer a été presqu'entièrement épuisée par des hommes d'un grand talent ; que si je répète ce qu'ils ont dit, ce n'est pas pour faire avec eux assaut de savoir ni d'éloquence. Je ne prétends pas non plus me parer de leurs dépouilles, car je n'ai à étaler à vos yeux que le bon sens qui est à la portée de tout homme sage, que la vérité qui est à la portée de tout homme droit, juste, paisible, impartial. Si je puis d'ailleurs présenter l'utilité de certaines opinions sous des rapports nouveaux ; si je puis l'accorder avec des intérêts que des bons esprits regardent encore aujourd'hui comme inadmissibles, ma tâche sera remplie, mon cœur sera satisfait. J'ambitionne peu la gloire littéraire, elle est peu faite pour mon âge, peu analogue à la nature de mes occupations. La raison et la vérité !.. C'est à elles que j'ai voué mon repos et mon existence. C'est pour elles que je commencerai cette lettre , et c'est par elles que je la finirai.

Vous étiez plus jeune de vingt ans, Monsieur le Comte , lorsque j'eus l'honneur de vous voir pour la première fois. Alors, comme aujourd'hui , on parlait dans les salons gouvernement et politique. Le temps s'annonçait , mais n'était pas encore venu , où la gloire militaire et l'ivresse des conquêtes , devaient faire , d'un empire immense , le camp des Français. Alors , comme aujourd'hui , on croyait toucher au terme d'une révolution sanglante , et l'on regardait le gouvernement monarchique comme le port après le naufrage : c'était du moins l'opinion bien connue de quelques personnages fameux sous le règne des constitutions. Cherchez à vous rappeler , Monsieur , la discussion très-animée dont vous fûtes le témoin et à laquelle vous prêtiez une oreille si attentive ; c'était, d'après mes notes de cette journée , le 25 novembre 1800 , chez Mr. D. S. C. Le royalisme était peu connu ; mais on se rappelait avec plaisir qu'il avait existé en France une monarchie légitime ; et je puis assurer une chose , c'est qu'on croyait alors les Bourbons incapables de vouloir changer les droits politiques de la révolution. Cette opinion , généralement répandue , avait favorablement disposé les esprits. Tout le monde attendait le retour de la famille royale , et avec elle le repos après lequel on soupirait depuis dix ans , et la liberté que l'on regrettait depuis dix ans encore. Nous savons tous comment à de si flatteuses espérances succédèrent bientôt de nouvelles calamités. Six hommes d'état, qui ont rempli depuis des fonctions honorables sous l'usurpateur ; qui, appelés à son conseil, ont toujours opposé , aux projets destructeurs de ce despote violent et superbe , le calme immuable d'une raison éminemment supérieure et le zèle d'un patriotisme éclairé ; pensaient unanimement dans cette discussion, que le seul moyen de sauver l'État et la gloire nationale était de rappeler le souverain légitime , sans lui imposer d'autres conditions que l'oubli du passé et le maintien d'une constitution

libérale. Il ne sortira jamais de ma mémoire,
ce jour où j'ai vu rendre aux principes conservateurs un hommage pur, parce qu'il était
sincère ; véridique, parce qu'il était impartial ;
généreux, parce que l'orgueil de l'opinion
s'humiliait noblement devant l'intérêt de la
chose publique.

Je viens de parler de principes conservateurs, et c'est ici, Monsieur le Comte, que
commencent les questions que j'ai à traiter
dans cette lettre.

S'il faut en juger par les discours qui ont
été prononcés aux deux chambres pendant
la session actuelle, le but du gouvernement
serait de rattacher au trône de la légitimité
tous les élémens qui s'en sont détachés en
1815, pour mettre ce trône à l'abri des passions des hommes et des orages politiques
qui troublent depuis si long-temps notre in-
fortuné pays. Voilà un projet qui a eu, j'en
suis sûr, l'assentiment de tout ce qui porte
une âme paisible, une raison saine, un cœur
français. Il est grand, généreux, patriotique,
digne du Souverain qui l'a conçu, de la nation

qui veut l'exécuter. Pourquoi faut-il que nous ayons à gémir sur les moyens qui ont été employés pour parvenir à une fin si désirable!.. Pourquoi faut-il que l'amour du bien public dépasse toujours les bornes de la justice, et que nous ne puissions être vertueux qu'aux dépens même de la vertu!..

Je vous ai promis la vérité, je vous la donne. Oui, Monsieur le Comte, il était juste, il était nécessaire de faire entendre au peuple français ce langage de paix qui concilie, de proclamer à ses yeux ces principes de modération, d'oubli généreux, d'impartialité, de justice, qu'il cherche avec tant d'avidité, qu'il trouve avec tant de satisfaction dans les discours de ses représentans. Mais, faire entendre des récriminations injurieuses contre les prétentions du clergé et de la noblesse ; humilier un parti quand on veut les apaiser tous ; blâmer avec orgueil, blesser avec amertume des opinions respectables, et supposer à des hommes pleins d'honneur, de lumières et de probité, des projets destructeurs et bizarres : voilà, Monsieur le Comte, ce qui n'était ni juste ni nécessaire ; voilà ce que l'homme sage ne saurait approuver ; voilà ce qui a déchiré bien des cœurs français , puisqu'enfin des plaintes de cette nature , des inculpations aussi graves ne ressemblent que trop aux cris de la discorde ; et malheur à nous si sa voix atroce allait se mêler encore à ces imprudentes , j'ose même dire, à ces fausses révélations ! ..

Monsieur le Comte , je suis animé , sans doute , du désir de voir triompher vos principes. Ils sont les miens , à peu de chose près , et je dirai bientôt en quoi ils diffèrent. Mais ce que je ne conçois pas, ce qui passe la portée des hommes justes qui rendent hommage à vos intentions , c'est que vous ayez cru les députés de 1815 capables d'avoir voulu attenter aux droits publics des Français, ou soit à la charte qui les constitue. Ces députés , que le duc d'Otrante appelle des hommes violens , parce qu'ils osèrent demander la punition du plus grand des crimes ; dont tous les discours , dont tous les actes que nous avons soumis de nouveau à l'examen le plus rigoureux, ne présentent au citoyen paisible, que dévouement absolu, zèle pur, passion du bien public, sentimens généreux, religieux et monarchiques; s'attendaient-ils à être jugés sur quelques expressions amères, sur quelques mots souvent hasardés dans la chaleur de la discussion, comme des factieux, dont tous les projets étaient affreux, toutes les espérances criminelles ?

Ne voilà-t-il pas la passion dans toute sa nudité ? Et quelle passion, grand Dieu! les plaies qu'elle a faites à la France saignent encore... Si j'allais poursuivre, j'en arracherais moi-même l'appareil!.. Homme de paix, ne repousse point le blâme par le blâme, ou tu deviens, malgré toi, homme de parti!..
· Parler de la noblesse au peuple, est une imprudence; exaspérer le peuple contre la noblesse, est une conduite que je frémis de concevoir. Si la chambre de 1815 avait eu des torts, était-il nécessaire d'en parler ? Qu'on relise l'ordonnance du 5 septembre, et l'on verra quel est le style de la sagesse,

et comment on gouverne les hommes par la raison.

Mais, pourquoi la noblesse, au sujet de la chambre de 1815 ? Cette chambre était-elle composée en entier de Français qui eussent à regretter de grands biens, des distinctions ou des priviléges ? N'y avait-il pas là des hommes qui n'avaient rien à regretter que la gloire et la prospérité nationales ; qui, toujours guidés par la voix d'une conscience pure, par le sentiment du patriotisme et de l'honneur, savaient accorder, dans leurs délibérations, tout le calme que la sagesse inspire, avec l'énergie qu'exigeaient alors impérieusement les besoins et la sûreté même de l'état ?

J'ose assurer que ces hommes étaient en très-grand nombre dans cette chambre mémorable : et ceux même que l'on accuse, peut-on les juger autrement que par leurs discours ? Or, je le répète, je ne vois encore dans ces discours aucune opinion qu'un bon Français n'approuve et ne partage. Je sens l'objection qu'on me présente, et je me presse de l'écarter. *Le Roi n'a-t-il pas rendu l'ordonnance?* Oui. Mais la conséquence que vous voulez en tirer, je ne puis la concilier avec la majesté royale. Dans les termes de l'ordonnance, je vois des motifs qui ne sont pas ceux que vous lui prêtez. D'ailleurs, convient-il d'expliquer un acte de souveraineté? Sujet respectueux autant que fidèle, puis-je sonder les intentions de mon Roi? Ce qui trouble l'athée, c'est de ne pouvoir s'élever à la connaissance de l'Être suprême : si le Roi de France n'est qu'un homme pour les autres hommes, il est un dieu pour moi; je ne puis qu'adorer ses décrets. Si c'est là une superstition, qu'on ne s'en plaigne pas, elle ne fera du mal à personne. Au reste, le Roi n'a-t-il pas jugé cette chambre *introuvable?* Que répondrez-vous à cela? Ce n'est donc pas de l'ordonnance en elle-même qu'il s'agit ici ; je parle de la manière dont les feuilles publiques ont parlé de la session de 1815, de ce qui s'est dit naguères encore dans la session actuelle, contre les projets ultérieurs de ces députés ; je dis que l'ami de la vérité ne peut qu'être affligé de voir s'imprimer librement toutes ces calomnies ; que les plaintes contre l'ancienne noblesse , qui ne se plaint point, fomentent les passions au lieu de les éteindre ; que la modération ne doit pas être mise en action seulement , mais qu'elle doit se trouver encore dans le langage ; et que, si l'on blâme les députés de 1815 pour avoir prononcé quelques mots dangereux , on ne doit pas souffrir que l'on envoie dans toutes les communes des observations peu décentes et des systèmes plus dangereux. Voilà des faits : ils existent. Quelle couleur voulez-vous, Monsieur le Comte, que nous puissions leur donner ? Je ne suis ni noble ni ultra ; je ne désire le triomphe d'aucune opinion en France ; je ne veux pas, et je ne crois pas, comme le pense Monsieur d'Otrante , qu'il y ait dans le royaume un parti vainqueur, un parti vaincu. Union, paix , justice, impartialité : voilà les seuls garans de la félicité publique et de l'indépendance de la nation. Mais si je voyais, en juillet 1815 , beaucoup d'espérances chimériques d'un côté , j'en aperçois aujourd'hui d'une nature bien plus alarmante de l'autre. Je vois que la balance n'existe pas ; que tout penche vers l'opinion du jour, et que cette opinion n'est pas tout-à-fait la plus salutaire, encore moins la plus générale : je m'expliquerai bientôt quand il le faudra.

Les passions n'ont jamais rien produit de bien, *est modus in rebus*. On disait, l'an passé, qu'il ne fallait pas pousser la vertu au-delà de ses bornes, on avouait presque que la vertu était par là. Mais je vois aujourd'hui des reproches amers ; j'entends murmurer et se plaindre. Je vois des hommes triomphans et des figures consternées ; je leur demande s'ils sont tous Français, quelle calamité afflige les uns ? Quel espoir de bonheur enivre les autres ? Leur réponse est ingénue : *notre parti triomphe, la faction a le dessus*. Infortunés ! je me doutais bien que vous étiez sans patrie. N'ai-je pas lu, dans un discours prononcé dans la discussion de la dernière loi qui vient d'être rendue, qu'il n'existait pas de partis en France ! Ne serait-il pas plus simple, au lieu de nier leur existence, de les laisser s'éteindre faute d'alimens ? Rappelez-vous quel était le calme du royaume au 4 septembre 1816. Ce calme n'était qu'apparent, direz – vous. Point du tout, il était réel; et la preuve que j'en donne, c'est qu'il a duré quelque temps encore après que l'ordonnance a été rendue. La tourmente n'a recommencé qu'avec les diatribes des journaux, qu'après la publication de *la Monarchie selon la Charte*. Qui ne sait que cette ordonnance avait été accueillie, par les deux partis, d'une manière à peu près indifférente ? Qui peut ignorer que les passions, presqu'entièrement amorties, n'ont été soulevées que lorsqu'on a voulu prendre le soin de l'expliquer ? Ce qui étonnera la postérité, ce qui a indigné surtout les hommes paisibles, c'est que des explications aussi funestes aient été données presque au nom du Roi, sur un acte de la volonté du Roi, en interprétation des intentions du Roi. Où est le respect pour la majesté royale ? Est-ce ainsi que la sagesse est livrée aux passions des hommes ? O fils des Rois de nos pères ! sommes-nous tombés assez bas pour avoir besoin que des mains étrangères nous tracent le prix que nous devons attacher à vos bien-faits ? Vous aimer dans votre sang, vous ad-mirer dans vos décrets, sont pour tous les Français des obligations naturelles. Leur ex-pliquer les actes de votre souveraine puis-sance, ne serait-ce pas, en quelque manière, méconnaître l'étendue de leur amour ? Que si des hommes comme nous cherchent à pé-nétrer les desseins de votre sagesse , nous convient-il de les écouter ? S'ils écrivent pour votre gloire , la peine est au moins inutile , votre gloire est déjà dans nos cœurs. S'ils font entendre un langage odieux, je crois voir des ministres de sang , au nom d'un Dieu de paix, annoncer la vengeance céleste. M'accu-serez-vous , Monsieur le Comte , de tomber ici dans l'exagération ? Si les termes sont forts, ils sont proportionnés aux choses. Je suis toujours de sang-froid ; à Dieu ne plaise que je me laisse jamais entraîner par la pas-sion. Me direz-vous que, c'est contre vos in-tentions, si les journaux se sont permis d'ex-pliquer une mesure politique avec toute la chaleur d'une opinion prédominante , et toute la passion d'un zèle trop ardent ? Je vous ai dit plus haut que j'étais un de ceux qui rendent hommage à vos intentions. Elles sont pures, sans doute ; et pourquoi ne le seraient-elles pas ? Je conçois bien qu'un Ministre puisse se tromper de bonne foi : je n'ai pas le malheur de concevoir qu'il le veuille ; je n'ai pas non plus l'orgueil de croire que vous soyez vous-même dans l'erreur. Mais je dis qu'observant l'opinion , j'ai été témoin de la douleur qu'ont éprouvée les hommes justes en lisant dans les journaux des pages entières de réflexions amères et d'explications dangereuses d'un acte de politique , qui , dans les vues bienfaisantes du monarque , devait produire les plus heureux effets. On se rappelle que ces mêmes feuilles ont , pendant quinze jours , tenu le même langage ; qu'aucune d'elles , cependant , n'a été ni supprimée , ni suspendue , ce qui a fait supposer à quelques-uns que le Gouvernement pouvait bien ne pas désapprouver tout-à-fait ces déclamations violentes. Hélas ! Monsieur le Comte je ne trouve rien contre cette conséquence funeste. Obligé de l'admettre, je laisserai le renardeau déchirer mes entrailles avant de repousser la vérité.

Un homme qui a voulu réfuter les opinions de MM. de Chateaubriand et Fiévée, a choisi naguères, pour épigraphe, ces mots extraits d'une satire de Juvénal, *numquam ne familia nostra quieta erit ?*

Je crus trouver enfin un homme pacifique qui aurait écrit sans haine, sans aigreur ; je me disais : cet homme-ci n'est que Français. Il discutera sagement les intérêts de la France. Il doit avoir mis dans sa discussion le calme de l'impartialité. Son langage sera celui de la justice : modeste sans affectation, indulgent sans faiblesse, sévère sans orgueil, son style n'aura d'autre chaleur que celle du patriotisme, et cette chaleur-là ne ressemblera pas au souffle des passions. Pénétré de cette pensée consolante, j'ouvre la brochure, et je trouve à la première page, qu'il est question de la dot de Suzette et d'Attala, au sujet de *l'histoire de la session de* 1815 *par* Monsieur

Fiévée, et de *la Monarchie selon la Charte*
par Monsieur le Vicomte de Chateaubriand.
Je cherche quelle peut être l'intention de
l'auteur en faisant un rapprochement de cette
nature ; mais quel est mon étonnement de
lire un peu plus bas une satire amère de la
conduite politique de Monsieur Fiévée, et de
trouver *qu'il était singulier que l'auteur d'At-*
tala se fût plaint de n'avoir pas été appelé
au conseil. Je me rappelle bien que le poëte
Addisson, ministre d'état, n'était pas un
homme sans poids dans le Gouvernement
britannique. Je me rappelle aussi avoir rendu
hommage, dans deux circonstances mémorables, au courage et à l'opinion politique de
Monsieur Fiévée. Confus de m'être mépris
ainsi, et sur le but de l'ouvrage, et sur l'esprit
de l'auteur, je laisse là cette brochure, très-
résolu de n'en relire aucune dont le sens et
le mérite ne me soient bien connus.

Ainsi, Monsieur le Comte, la modération
en France n'est qu'un mot sans acception,
comme toutes les vertus théoriques dont on
nous fait depuis si long-temps un pompeux

étalage. La modération en France n'existera jamais que pour un parti, jusqu'à ce qu'il n'y ait plus de partis en France ; et ce moment si désirable ne viendra que lorsqu'elle sera tout à la fois et dans le cœur et dans la bouche. Qu'importe, en effet, que ce Français, que vous appelez *ultra*, professe librement son opinion immodérée ? Qu'importe que cet individu, à qui vous donnez la qualification de bonapartiste, soit respecté dans sa liberté, comme cet acquéreur de domaines dans sa fortune ? Y a-t-il de la modération pour le premier, si vous lui supposez toujours des intentions absurdes, des projets factieux, inconstitutionnels ? Y en aura-t-il davantage pour les derniers, si, toujours rappelant des erreurs passées, vous mettez en opposition permanente les souvenirs des opinions de l'homme et les devoirs du citoyen ? Le mot oubli, répété vingt fois dans une seule page, inséré la veille dans un journal, et répété le lendemain, a déjà perdu sa signification véritable, puisque promettre toujours d'oublier et assurer sans cesse qu'on oublie, c'est redire éternellement que l'on a quelque chose à oublier.

Dira-t-on que c'est pour avoir une chambre essentiellement modérée que les journaux ont blâmé les députés de la dernière session ? Mais, si c'est à cette fin, avait-on besoin d'avoir recours à la calomnie ? Avec plus de loyauté et plus de franchise vous auriez obtenu le même résultat. Il n'est sorte d'écrit qui ne contienne quelque vérité utile. Je viens de lire, dans une brochure sortie de la plume d'un jeune homme, chez qui tout est sentiment et passion, que le mot Louis, placé au bas d'une ordonnance , a quelque chose de magique. *C'est un mot d'amour , dit l'auteur, qui gagne le cœur , soumet l'esprit , force l'opinion ; on sent que si de nouveaux malheurs devaient affliger la patrie , le peuple français périrait par un excès de dévouement , comme il a trouvé jadis la mort dans la révolte.* Je demande s'il est possible de mieux définir l'esprit des Français de ce jour. Oui, bon jeune homme , vous avez saisi la vérité, ou pour mieux dire , la vérité vous a saisi dans

cette phrase, parce que cette phrase est sortie de votre cœur, et qu'à votre âge le cœur
déborde de sentimens vrais, généreux, patriotiques. Mais gardez-vous des écarts de l'i-
magination et de l'exagération des principes.
Votre ouvrage est pénible à lire, parce que
vous êtes jeune ; il serait dangereux, et peut-
être coupable, si vous aviez plus d'expérience,
moins de droiture et de bonne foi.

Je suppose, Monsieur le Comte, qu'après
avoir ordonné à tous les journaux de garder
le silence sur l'ordonnance du 5 ; qu'après
avoir fait surveiller tous les agitateurs qui auraient pu s'autoriser des dispositifs même de
cette ordonnance, pour laisser éclater des espérances coupables et proclamer le triomphe de leur opinion ; le Gouvernement, dans
une mystérieuse prudence, eût attendu, pour
faire entendre les vœux du Roi et de la France,
que le moment des élections fût arrivé ; je
suppose qu'à ce moment critique, au lieu de
faire un appel, ce qui est toujours dangereux
à quelque classe qu'on l'adresse ; au lieu d'en-
voyer des instructions secrètes qui ont été

connues de tout le monde, et que tout le monde a pris soin d'expliquer à son gré ; au lieu de faire passer des circulaires d'après lesquelles certaines personnes étaient exclues nominativement, ce qui passe les bornes de l'influence légitime ; le Ministre de l'intérieur eût adressé, au nom du Roi, à chaque président de collége, une lettre conçue en ces termes :

« Monsieur le président du collége, pour
» remédier aux maux qui affligent depuis si
» long-temps notre malheureuse patrie, nous
» avons à nous garantir de toutes les illu-
» sions, même de celles de la vertu. La der-
» nière chambre des députés était toute com-
» posée de sujets fidèles ; j'ai su apprécier
» dans quelques occasions mémorables son
» zèle pour le bien public, son dévouement
» à ma personne et à ma famille, mais j'au-
» rais désiré souvent un peu moins d'ardeur
» et plus de retenue. Quelques expressions
» jetées au hasard dans la chaleur d'une dis-
» cussion importante ont rappelé des sou-
» venirs dangereux, et les ennemis du trône

» s'en sont emparés pour répandre autour
» d'eux des alarmes. Par l'amour que je
» porte à mon peuple, par le désir, qui doit
» animer tout bon Français, de voir finir nos
» dissensions, je vous invite, Monsieur le
» président du collége, à rappeler aux élec-
» teurs cet engagement qu'ils ont contracté
» avec la nation, et qu'ils ont juré d'observer
» en acceptant la charte constitutionnelle :
» oubli du passé, modération dans les actes
» et dans les discours, union, paix et con-
» corde. Que les députés qui seront élus ne
» perdent jamais de vue ces garanties de
» notre bonheur commun et du salut de la
» patrie. Tel est mon vœu, tel est l'espoir
» de la France. Cette lettre n'étant à autre
» fin, je prie Dieu, Monsieur le président,
» qu'il vous ait en sa sainte et digne garde.»

Craindrai-je d'être démenti ? Avec quelles
acclamations ces électeurs n'eussent-ils pas
reçu la lecture de cette lettre ? Quel calme
n'aurait pas présidé à leurs délibérations ?
Quel est celui d'entr'eux qui aurait pu penser à
son parti lorsque son Souverain, dépouillant

la majesté du trône, descendait noblement jusqu'à lui pour lui faire entendre sa volonté ? Qu'auraient pu faire les cabales au milieu des transports d'amour et d'admiration ? Il me semble que c'est ici surtout, que le mot Louis, placé au bas de cette lettre, aurait gagné le cœur, soumis l'esprit, forcé l'opinion. Ou je me fais illusion sur son pouvoir *magique*, ou c'est ainsi que le Gouvernement aurait obtenu une chambre aussi dévouée que la dernière et beaucoup plus calme dans ses discours. Quels ont été, au contraire, les effets des manœuvres que l'on a employées pour parvenir à ce résultat avantageux ? Faut-il le répéter ? Je blâme pourtant les récriminations ; si le mal a été déjà plusieurs fois indiqué dans sa source, quel triste soin de le reproduire dans son affreuse nudité ? Mais ne me suis-je pas engagé à dire la vérité ? Et n'ai-je pas avancé plus haut qu'il me faudrait répéter bien des choses ? Que m'importe, au reste, que Monsieur de Chateaubriand ait dit qu'on avait eu tort d'influencer les élections ? S'il ne l'avait pas dit, ne l'aurais-je pas dit

tout de même? N'ai-je pas été moi-même élec-
teur? N'ai-je pas vu de mes propres yeux ?
N'ai-je pas entendu prononcer des blasphê-
mes? N'ai-je pas écouté, malgré moi, des discours que je m'efforçais de ne pas entendre?
N'ai-je pas vu les passions déchaînées, les
désignations de partis frapper les oreilles des
gens de bien ?

Je donnai, l'an dernier, ma voix à un
homme sage. On me disait: qu'allez-vous faire?
cet homme ne parlera pas. C'est précisément
pour cela que je la lui donne. Je la lui ai donnée encore cette année ; on m'a répété:
qu'allez-vous faire ? Cet homme était
de la majorité. Est-il possible d'ignorer ce qui
s'est passé dans toute la France ? Qu'on l'é-
crive et qu'on le répète, on n'en saura ni plus
ni moins. Pourquoi cela s'est-il fait ? Pour
parvenir à une fin désirable. Mais comment
cela s'est-il fait ainsi ? Parce que la violence,
qui détruit les meilleures choses, n'est regar-
dée, depuis 25 ans, en France, que comme
un état passager qui mène toujours à un
bonheur certain. C'est le désert qu'il faut

traverser pour arriver à la terre promise. Or, je dis que nous errons depuis 25 ans dans ce désert immense, et la foi m'échappe quand je veux espérer d'en sortir. Mais enfin le mal est passé, et nous avons une chambre modérée. L'effet est trop beau pour en blâmer la cause. Si tous les moyens violens qui ont été employés depuis 25 ans, n'ont donné pour résultat que des malheurs de tout genre, c'est que l'on ne savait que frapper fort sans frapper juste. Nous aurons été plus heureux sans doute. Une mesure inconstitutionnelle aura raffermi la constitution. Les Français vont jouir enfin de tous les fruits que cette constitution bien défendue leur assure ; il fallait sauver l'État, nous l'avons sauvé. Qui osera nous en faire un crime ?

Voilà, Monsieur le Comte, la justification la plus naturelle, la plus décente, la plus généreuse, qu'un Ministre de France pût fournir à la nation. Eh bien ! Monsieur le Comte, je suis forcé de le dire : cette justification-là même ne serait pas suffisante. Qu'est-il besoin, en effet, que des Ministres de Louis XVIII nous assurent que c'est pour le bien général qu'ils ont pris telle mesure politique ; que c'est pour sauver l'état en danger qu'ils ont dirigé les élections ; que c'est pour le maintien de la constitution qu'ils ont interposé le nom du Roi dans des exclusions inconstitutionnelles ? Serions-nous encore assez malheureux pour élever des doutes sur leurs intentions ? Ah ! nous avons appris à nos dépens que la sécurité ne naît pas de la méfiance !

Quiconque est soupçonneux invite à le trahir, est une vérité politique du premier ordre, dont les peuples et les rois feront long-temps l'application. Mais les malheurs des états ne sont-ils que les produits des intentions coupables ? Combien d'erreurs funestes, de plans faux, de calculs inexacts, avec des vues droites et légitimes ! En serons-nous toujours aux expériences ? Quand finira notre temps d'épreuves ? Brillantes théories, nous vous poursuivons depuis un quart de siècle, comme un joueur suit son argent !.. Qu'avons-nous gagné par notre ténacité ? Ne renoncerons-

nous jamais de bonne foi à l'optimum des choses ? Plus on se pique au jeu, plus on s'en-
fonce dans l'abîme. Le *quid sit mecenas* sera-
t-il l'histoire éternelle du peuple français ?

Oui, nous croyons, nous sommes persuadés que les Ministres du Roi ont voulu le bien
de la France, qu'ils l'ont cherché de bonne
foi dans des moyens dont la raison ne peut
guère s'accommoder, et que la justice désap-
prouve. Mais ce bien là l'avez-vous atteint ?
Oui, répondez-vous encore, nous avons une
chambre modérée.

Vous me permettrez, Monsieur le Comte,
de discuter un moment ce point de fait.

J'ai dit plus haut que la modération, prise
comme vertu politique, n'avait encore aucune
acception parmi nous. En effet, la modération, moralement et politiquement parlant, est
exclusive de la violence. Or, tant que je ver-
rai des moyens violens ou des paroles violentes, je ne saurais admettre la modération.

On s'est révolté contre la chambre de
1815 pour quelques paroles alarmantes. Ne
pouvant pas la juger sur ses actes, vous

l'avez jugée sur ses discours. Si l'on jugeait la chambre actuelle de cette manière, comment croyez-vous, Monsieur le Comte, que l'homme juste pût la considérer ? A-t-elle discuté une seule loi, sans que des reproches violens, des récriminations de tout genre se soient fait entendre ? Nous parlions tout à l'heure de mots alarmans !.. Juste ciel ! quoi de plus alarmant que ce qui s'est passé dans la session présente ?.. N'avons-nous pas vu, à diverses reprises, tout un côté de la salle abandonné ? N'avons-nous pas vu les accusations répondre aux accusations ? Des cris de douleur d'un côté ; de l'autre des plaintes amères ? Des souvenirs récens rappelés avec imprudence, et de vieux souvenirs évoqués du silence et de l'oubli ? Si c'est là de la modération, il faut que cette vertu ait cessé d'être la vertu du sage. Mais qu'importent les discours ! Partout où il y a des hommes réunis, il y a conflit d'opinions, opposition et divergence. Chacun croit son opinion la seule bonne, la seule raisonnable. Il suffit que la majorité voie juste, et marche vers le bien public. Or, la majorité de la chambre actuelle, entièrement dévouée au Monarque et à l'intérêt de la nation, est modérée dans ses actes, s'il est impossible qu'elle le soit toujours dans ses discours.

Nous entrons ici, Monsieur le Comte, dans une autre difficulté sans sortir de la première, et nous touchons à l'examen de ces principes que vous appelez, vous, *tutélaires*, et que j'appelle, moi, *conservateurs*.

Ces principes ne sont pas fort nombreux; ils ne sont pas nouveaux non plus; et ils n'ont d'étrange et de révoltant que l'application qui en a été faite.

Ceux qui ont approuvé la révolution dans quelques-uns de ses résultats, qui l'ont combattue dans ses écarts, qui l'ont abhorrée dans ses violences, sont restés invariablement attachés à ces principes. Beaucoup ont payé de leurs têtes, presque tous de leur fortune et de leur repos, l'amour du bien public qui a toujours accompagné leur opinion indépendante. Quand ces hommes justes seront-ils sans désirs? Quand leur patriotisme sera-t-il satisfait?

Un homme qu'on a accusé d'avoir écrit avec passion, car c'est toujours par elle, ou à cause d'elle, que la vérité est méconnue, a prouvé dans un ouvrage trop fameux peut-être, qu'un système exclusif de toute modération, de toute justice, avait été suivi constamment depuis la rentrée du Souverain légitime. Cet homme est Monsieur le Vicomte de Chateaubriand. Il m'est tombé entre les mains des libelles contre cet auteur, et ces libelles étaient anonymes : entr'autres, l'ouvrage dont j'ai parlé plus haut. J'ai eu la curiosité de lire ses apologistes ; presque tous ont signé leurs écrits. J'attache peu d'importance à ce qui s'écrit pour ou contre un homme ; mais j'aime la bonne foi et la justice, et je pense qu'il n'y a que les bonnes actions qui gagnent à être faites incognito. Point d'illusions ! point de préjugés ! Que Monsieur le Vicomte de Chateaubriand soit gentilhomme, que m'importe à moi ? La naissance a toujours supposé l'honneur loin de l'exclure : l'honneur suppose la franchise, et l'honneur et la franchise ne vont point sans la vérité.

Je crois donc, avec l'auteur de *la Monarchie selon la Charte*, que le système dangereux des intérêts moraux révolutionnaires a été suivi pendant trois ans, et l'est encore au moment où j'écris ; mais comme je ne suis pas amené à cette opinion-là par la lecture seule de cet ouvrage, je ne pense pas, avec son auteur, que ce système soit le produit des intentions les plus criminelles. J'ai dit plus haut combien la méfiance était dangereuse. Et qu'on ne m'oppose plus ce qui s'est passé en 1815 : ce qui était possible alors ne l'est plus aujourd'hui. Que cette exception malheureuse puisse-t-elle être effacée de nos annales, comme son souvenir funeste devrait déjà l'être de nos cœurs !

Le système des intérêts moraux révolutionnaires n'est pas de l'invention de Monsieur de Chateaubriand. Quelques bons citoyens, quelques hommes éclairés en ont gardé longtemps la fatale pensée. Mais après avoir mieux étudié l'opinion publique en France ; après avoir mieux consulté les intérêts réels de leur pays, ces hommes généreux sont revenus

de leur erreur. Ils ont pensé qu'une révolution comme la nôtre n'avait pas besoin d'être
défendue ; qu'elle n'était que trop à l'abri des
attaques sous le bouclier de nos institutions
nouvelles et des intérêts nouveaux qu'elle a
créés. Ils ont très-bien senti que ses droits
politiques sont incommutables ; que l'esprit
humain qui fait un pas dans les siècles , ne
rétrograde pas ; qu'il s'use, qu'il dépérit ; qu'il
a son déclin comme toutes choses ; que s'il
finit il recommence ; mais qu'un peuple tombé
dans la barbarie n'a jamais fait un pas rétrograde vers la civilisation. L'histoire du monde
est sous nos yeux : est-il besoin de citer des
exemples ? Mais si toutes les forces humaines
ne sauraient arrêter un ordre de choses sur-
humain, pas plus qu'elles ne pourraient arrêter
le soleil dans sa course , n'est-il pas conso-
lant de penser que la sagesse humaine peut,
jusqu'à un certain point, prolonger l'existence
des peuples, et suspendre le cours trop pré-
cipité des événemens ? L'ancienne Rome n'é-
tait plus au temps d'Auguste ; l'ancienne France
avait cessé d'être vers la fin du règne de

Henri II. Comment se fait-il donc que la dernière existe encore, et que l'empire a duré 45o ans? N'y avait-il pas là quelque force secrète? Mettez les dieux hors du capitole; jetez dans le Tibre les images des Caton, des Scipion, des Fabricius; et l'histoire romaine finit avec la république; et vous n'avez plus ni Trajan, ni Marc-Aurèle, ni les Antonins. Effacez du cœur des Français du 16.ème siècle les souvenirs des sentimens pieux, chevaleresques et guerriers qui avaient illustré leurs ancêtres, et la Monarchie française n'est déjà plus au temps de la ligue; et vous ne trouvez plus ni Bourbons, ni patrie, ni vertus, ni gloire, ni fidélité.

Le progrès des lumières, qui fait ce qu'on appelle les révolutions, n'entraîne donc pas toujours rapidement les états vers leur chute; il en change les formes, il les améliore quelquefois. Arrivé à ses époques funestes, il les détruit et les régénère: mais tout cela peut être retardé, ou par des vertus qui n'existent plus, ou par des vertus nouvelles qui les suppléent. Ainsi donc les intérêts physiques de la révolution sont indestructibles par cela seul qu'ils sont les fruits de la révolution. Ces intérêts-là seraient encore loin de nous, quoiqu'on en dise, si le torrent avait rencontré quelque digue ; mais son lit était déjà creusé lors même qu'il n'était encore que faible ruisseau.

Puisque ces intérêts sont établis parmi nous , ils doivent être respectés ; je ne sache pas qu'il existe , au reste , beaucoup de Français , je ne parle pas de ceux qui les ont trouvés , mais parmi ceux qui les ont vu naître , qui voulussent pour toute chose changer ces droits politiques pour ceux que l'on a laissé se détruire avec tant de facilité ; ce sont pourtant ces droits-là même que l'on a accusé la chambre de 1815 de vouloir renverser ; comme si tant ne valait-il pas dire que ces députés étaient des hommes sans lumières , sans jugement, sans vues politiques , sans caractère national ?. Comment pensez - vous , Monsieur le Comte , qu'on ait reçu en général ces reproches bizarres ? Avez-vous eu assez mauvaise opinion de ceux qui lisent, pour les croire capables de supposer tant d'intentions absurdes à des hommes qu'ils avaient honorés de leurs suffrages ? La chose est impossible, à moins que vous-même, persuadé de la réalité de ces intentions, n'ayez voulu communiquer votre persuasion au reste de la France. S'il est ainsi, je vous loue ; mais toujours reste-t-il certain que vous avez prêché à des incrédules.

Le vrai peut quelquefois n'être pas vraisemblable.

Je ne veux pas insister davantage sur ce point. Tout bon citoyen doit admettre les droits politiques de la révolution ; je dis plus, il doit les défendre. Ils ont tant coûté à la patrie, que, fussent-ils aussi dangereux qu'ils sont utiles, il ne faudrait pas les rejeter. Les choses bonnes en soi ne sont pas toujours celles dont on retire les plus grands avantages. Qui peut d'ailleurs se flatter de voir mieux que les autres ? Qui pourrait vouloir enfin bouleverser un état pour changer quelques institutions ? Les peuples se laissent mouvoir par une force majeure ; mais les hommes qui voudraient mouvoir un peuple, pour quelque motif que ce fût, prendraient sur eux une responsabilité trop forte. On a vu des insensés qui ont osé le tenter ; en a-t-on vu un seul qui n'ait pas succombé sous le poids de l'indignation publique ?

S'il est vrai que l'esprit humain ne rétrograde pas, mais s'il est possible à la sagesse humaine de préparer les voies de salut à un peuple lorsqu'il a touché à la crise des révolutions, il est tout désirable que le gouvernement du Roi, en protégeant les droits politiques dont nous venons de parler, comprime dans leur essor toutes les maximes contagieuses, toutes les doctrines funestes, tous les principes dangereux qui composent le faisceau des intérêts *moraux* de la révolution. Voilà des mots, me direz-vous ; voilà des expressions génériques au milieu desquelles Mr. le Vicomte de Chateaubriand se débat dans ses XCII chapitres comme Descartes dans ses tourbillons. Ami de la vérité, soyez clair si vous êtes sincère ; le langage de la bonne foi ne doit ressembler en rien aux discours d'un rhéteur. N'assemblez pas des mots, n'ajoutez pas des épithètes : la vérité n'a pas besoin de périodes, encore moins de termes ambigus. Les maximes contagieuses, les doctrines funestes, les principes dangereux, tous ces mots-là jouent un grand rôle dans les discours du parti de l'opposition. Mais quelles sont ces maximes ? Quelles sont ces doctrines ? Quels sont ces principes ? Comment s'en garantir s'ils existent ? Comment les comprimer s'ils ont pris leur essor ? Voilà ce qu'on n'a pas encore pris la peine de nous apprendre ; et ce ne sont pas les seules choses que l'on nous laisse à deviner.

C'est l'objection que je me propose, objection juste et raisonnable, puisque, dans une discussion de cette importance, il faut payer de choses, non de mots.

Eh bien ! Monsieur le Comte, obligé de définir ce qu'il est plus facile de sentir que d'exprimer, je dois vous prier d'abord de ne pas condamner ma réponse sur l'inexactitude, sur la fausseté même de mes définitions.

Les maximes contagieuses de notre révolution proviennent, comme toutes celles qui perdent les états en les laissant s'avilir et se

corrompre dans le délire des passions humaines, de la licence où le peuple français
s'est trouvé jeté dès la première secousse de
notre tourmente politique. Cette licence a
porté les esprits vers le raisonnement, et le
raisonnement vers l'impiété : voilà pour la religion. Quelques abus existaient ; ces abus furent dénoncés au peuple, la licence fit tomber
ce peuple dans tous les excès de la barbarie ;
et le renversement des autels , et le sang des
ministres s'ensuivirent : voilà pour le culte.
Une monarchie française existait depuis 1200
ans ; un Roi sage et bienfaisant en était le
chef et commandait à des sujets fidèles. On
dit à ces sujets , comme le serpent dit à la
mère des hommes : vous pouvez être égaux
au Monarque et commander vous-mêmes , au
lieu de vous laisser dicter des lois ; et l'orgueil
et la licence entraînèrent ce peuple dans la
révolte ; et la mort du juste s'ensuivit : voilà
pour la royauté. Des hommes riches possé-
daient de grands biens, des hommes pauvres
vivaient du travail de leurs mains ou par le
secours de l'industrie ; on dit à ces derniers

que l'égalité voulait qu'il n'y eût plus de dis=
tinctions de rang ni de fortune ; et la licence
porta ces hommes vers l'injustice, et les proscriptions s'ensuivirent, et la France fut cou-
verte de deuil, de sang et de débris : voilà
pour la patrie. Plus de religion, plus de culte
extérieur, plus de royauté, plus de justice,
plus de distinctions, tels furent les résultats
des maximes révolutionnaires. Voyons si ces
maximes existent encore ; et si elles existent,
cherchons comment on peut les extirper.

Monsieur l'abbé Barruel, dans ses mé-
moires pour servir à l'histoire de la révolution
française, a voulu prouver que cette révolution était le résultat d'une conspiration morale
et physique qui se traînait depuis un demi-
siècle, dont tous les chefs et les complices
étaient bien connus, et dont le but était précisément le même que ce qui s'est passé sous
nos yeux. Je ne veux pas combattre l'opinion
exagérée de Monsieur Barruel ; je me con-
tente de ne pas l'admettre, et reste bien con-
vaincu que si les maximes révolutionnaires
existaient dans quelques écrits depuis un cer-

tain nombre d'années , les auteurs de ces écrits étaient loin d'avoir en vue, et la souveraineté du peuple, et l'égalité parfaite, et la destruction de toute religion en France ; et les fureurs de la démagogie, et l'assassinat juridique du légitime souverain. Ces maximes devaient être funestes à la France , j'en conviens ; et c'est en ceci que consistent principalement les erreurs coupables du philosophisme. Mais enfin leur produit a passé et trompé toutes les espérances. Leçon terrible, mais inutile au monde tant que la sagesse humaine ne réglera pas les progrès de l'esprit humain ! ...

Or , si ces maximes existent encore aujourd'hui ; si je le crois, et si je vois que rien n'ait été fait encore pour les détruire, je ne m'affligerai pas à chercher des projets, à supposer des intentions : c'est bien assez que je voie avec douleur et avec les yeux de la foi ce qui me paraît menacer les destins de la France. Je dis donc que ces maximes existent , et voici, Monsieur le Comte, sur quoi je fonde mon opinion.

Lorsqu'en 1814 le Roi est rentré dans son royaume, une opinion générale jusques-là comprimée s'est fait entendre sur tous ses points. On crut voir la résurrection de toutes les idées de morale, de justice, de bienveillance, de paix et de bonheur. La religion surtout semblait sortir de la poussière ; une splendeur toute nouvelle frappait les yeux les moins clairvoyans. Les souvenirs délicieux du passé se mêlaient à l'alégresse publique, et les vertus civiles de l'ancien peuple étaient toutes pleines d'attraits pour le peuple nouveau. Je me rappelle bien que des larmes de joie coulèrent alors des yeux des vrais amis de la patrie ; ce n'était pas une ivresse, c'était le sentiment exquis d'un bonheur certain. On serait tenté de comparer au sort des élus de Fénélon le sort des Français au mois de mai 1814. Revenus à des principes sains; sans exagération, sans faste, sans triomphe, on n'entendait entr'eux ni plaintes, ni murmures, ni reproches, ni louanges ; la pauvreté noble n'était pas sans espoir, la vertu malheureuse sans égards ; la bonne foi s'annonçait enfin avec la justice. Cette tendance heureuse des esprits promettait de beaux jours à la France; mais l'opinion fut bientôt méconnue. La première ordonnance rendue pour le bien de la religion fut oubliée comme une mesure fausse, impolitique; le clergé ne tarda pas à être calomnié, il fut bafoué même jusques sous le palais de nos Rois. L'ancienne noblesse fut aussitôt accusée, comme elle l'a toujours été depuis, de vouloir déposséder les acquéreurs des domaines, bien que la charte garantisse leurs acquisitions. Peu après parurent, dans quelques feuilles publiques, des colonnes entières de satires amères, de plaisanteries indécentes, sur l'incapacité, sur le ridicule d'une opinion respectable, et sur des hommes plus respectables encore qui la professaient. Enfin, les hérésies politiques, les allusions coupables du *Nain jaune* et de l'*Indépendant* achevèrent d'amener une seconde fois le triomphe des maximes révolutionnaires, et le 20 mars en fut le nouveau résultat.

Mais un nouveau miracle a sauvé la France; Louis XVIII a reconquis pour la seconde fois l'héritage de ses ancêtres ; l'allégresse la plus vive, l'ivresse d'une résurrection nouvelle , seront-elles pour les Français le présage d'un avenir plus doux ? Toujours flottans entre la crainte et l'espérance, verront-ils leurs destins se consolider ? Le passé sera-t-il pour eux l'ancre du salut ? Oui, tout confirme cet espoir flatteur ; tout annonce la fin des maux de la patrie. Un appel est fait à la nation, et la nation répond aux vœux du Souverain. Des hommes étrangers à nos troubles, mais connus par un long dévouement et par une opinion indépendante et monarchique , se présentent pour faire entendre les vœux du peuple, et le peuple est enfin représenté !.. Un langage tout merveilleux frappe les oreilles des gens honnêtes. Les mots de justice , d'honneur, de morale , de vertu, assurent enfin à la nation , que l'alliance du siècle avec les siècles vient d'être signée. Les intérêts nouveaux , les anciens souvenirs marchent d'un commun accord vers la pacification du royaume , et s'unissent ensemble pour la future prospérité de la France et le bonheur commun de tous les Français. Je vois des réformes salutaires, l'instruction publique mieux diri- gée, les ministres de la religion secourus. La liberté n'est plus la licence, le patriotisme pur reprend sa signification ordinaire, et la modération est dans les actes aussi bien que dans les discours. Français qui défendîtes au péril de vos jours ces principes éminemment tutélaires, qui n'avez cessé d'en prouver l'e- xistence, qui en demandiez à grands cris le salutaire essai ! Généreux Lally ! vertueux Vaublanc ! vos vœux sont enfin exaucés ; il luit enfin le jour de gloire et de bonheur que vous aviez annoncé à la patrie ! ...

Poursuivrai-je, Monsieur le Comte ? ... Je ne sais quand nous finirons avec nos illu- sions !.... Je ne sais quand nous cesserons de nous disputer et de nous ravir tour à tour la gloire de sauver la France ; mais je sais très-bien que cette France ne sera sauvée, en quelques mains que ses destins soient remis, que lorsque les maximes révolutionnaires y seront détestées : et quand le seront-elles, et comment pourront-elles l'être ? Le premier point paraît être placé maintenant hors de nos vœux et de nos espérances ; quant au second, je viens de l'indiquer sans le vouloir. Revenons à la chambre actuelle. J'ai dit que les députés de 1817 s'étaient montrés moins modérés dans leurs discours que les députés de 1815. Je ne crois pas qu'ils se soient montrés plus modérés dans leurs actes que dans leurs discours ; et c'est ce que je vais prouver à l'instant même.

La modération, telle que je l'entends dans cet écrit, n'est pas la douceur, ni l'indulgence. Ce n'est pas non plus le soin minutieux d'éviter quelques allusions ; la crainte puérile de froisser quelques amours-propres ; la faiblesse impardonnable de n'oser dire la vérité, pour ne pas effaroucher certains esprits, pour ne pas offenser certaines opinions. Un gouvernement qui en serait réduit là aurait déjà cessé d'être, puisque, gouverné lui-même par le sentiment de sa faiblesse ; sans confiance au dedans, sans respect au dehors, il aurait toutes les passions à contenter, tous les vœux à satisfaire ; et toujours complaisant malgré lui , facile au gré de tout le monde , il tomberait dans le mépris , parce que le mal vient toujours de la crainte de mal faire ; il croulerait au moindre choc, parce qu'il serait sans force et sans amour.

La modération , telle que je l'entends , telle que le besoin de la France l'exige , telle que le monarque l'a conçue dans la constitution qu'il a bien voulu donner à ses peuples, consiste à oublier les injustices, les crimes politiques, les crimes particuliers de la révolution ; à jeter un voile sur le passé ; à rejeter de la pensée les souvenirs douloureux de nos dissensions civiles , et à ne les rappeler que pour y puiser des leçons dont la nation puisse profiter ; à éviter des récriminations funestes et toujours injustes, soit qu'on s'y jette pour accuser, soit qu'on y réponde pour repousser les accusations ; à ne pas blâmer sans nécessité des opinions qui n'ont pas été les nôtres ; à ne pas supposer légèrement des intentions et des projets ultérieurs à quiconque ne voit pas le salut de l'état là où nous l'avons placé. Cette modération , amie de la paix , ne connaît pas le langage des passions et de la haine ; elle discute sagement des intérêts communs ; elle évite les personnalités ; elle ne cherche pas à humilier ; elle n'aspire pas au triomphe ; elle n'en proclame aucun, si ce n'est celui de la justice, de la morale et de la religion.

Dans les actes législatifs, cette modération veut que les intérêts du peuple ne soient pas sacrifiés à la splendeur du trône; que la splendeur du trône ne souffre pas d'une extension trop grande donnée à ces mêmes intérêts ; que les droits de la liberté civile soient consacrés; que ceux de la liberté naturelle ne soient pas méconnus ; que les lois d'exception demandées pour la sûreté publique, ne soient pas renouvelées ni ajournées indéfiniment contre un parti qui se tait, et contre un autre qui murmure, dans la crainte que l'un ne conspire, ou que l'autre ne se laisse emporter.

La modération commande, que si des feuilles publiques se permettent d'attaquer, des feuilles publiques aient la faculté de répondre.

La prudence exigerait peut-être qu'il n'existât point de feuilles publiques en France, s'il faut qu'elles soient destinées à se combattre, à se défendre, à nourrir les passions, à les soulever, à aigrir les esprits, à semer le trouble et le désordre; mais, puisqu'il faut qu'elles existent, il faut aussi qu'elles aient toutes la même liberté. La modération enfin ne consiste pas à rendre une loi par cela seul que d'autres la rejettent; à livrer tout un peuple à l'arbitraire, quand l'arbitraire a déjà fait tant de mal à ce peuple; à lui ravir l'exercice d'une liberté qu'il a achetée par trente années de malheurs et de sacrifices, pour prévenir des complots qui n'existent que quand on les craint, pour dissiper des conspirations qui s'évanouiront toujours devant la fidélité armée.

Voilà, Monsieur le Comte, comment la modération est un mot sans valeur, comment cette vertu me paraît encore étrangère à la France. Je ne suis point injuste et je rends hommage d'ailleurs aux intentions vraiment patriotiques de la chambre actuelle. Mais, à ne vous point mentir, je vois une partialité dans ses actes qui gâte beaucoup de choses; je vois qu'excepté la loi sur la formation des colléges électoraux, loi qui seule a mérité de fixer l'attention du peuple français par son importance, et qui seule paraît avoir réuni les suffrages de la nation par son utilité, l'amour-propre d'une part, des considérations personnelles de l'autre, une aversion bien prononcée et réciproque entre deux nuances d'opinion, qui ne sont incompatibles que dans l'application que chacun veut en faire, n'ont pas peu contribué à faire rejèter par les uns, à faire adopter par les autres, les divers projets que vous avez soumis à leurs délibérations.

Je crois, par exemple, que le renouvellement de la loi du 29 octobre, est dû en grande partie aux plaintes qui se sont fait entendre lors de la discussion sur la pétition d'Antoinette Robert. Il a été question là de royalistes incarcérés, d'abus de la loi, d'abus de confiance. J'ai vu des attaques, j'ai entendu des apologies, des justifications; et j'ai jugé que les défenseurs de la loi, en octobre

1815, en seraient les adversaires cette année, et que ses adversaires en deviendraient les défenseurs. Le projet de loi sur les journaux présentait les mêmes probabilités ; la discussion en a été telle qu'on l'avait prévu : ceux qui ont eu à se plaindre l'ont rejeté ; les autres l'ont approuvé dans tout son contenu ; et, si cette loi passe ou est adoptée dans la chambre des pairs, il est évident que l'impartialité n'en sera pas le plus beau caractère.

Ainsi, la France est destinée à être éternellement le jouet des passions des hommes ; ainsi, lorsque des opinions funestes ont cessé de faire peser sur elle un régime de terreur, des opinions nouvelles, plus patriotiques, plus vertueuses, s'emparent violemment de ses destinées, se divisent entr'elles, s'entrechoquent et se détruisent, et le peuple soupire éternellement après le repos qu'il ne goûtera que lorsqu'il ne sera gouverné que par la raison, la modération et la justice.

Daignez m'apprendre, Monsieur le Comte, comment il se fait que l'on s'éloigne aussi volontairement des véritables intentions du Roi ?

Est-il donc impossible au zèle des bons Français de s'attacher exclusivement aux intérêts réels de la nation ; intérêts bien connus aujourd'hui , et dont la connaissance positive peut seule nous consoler de tous les essais funestes, de toutes les épreuves malheureuses, de toutes les erreurs déplorables de notre révolution ? La vérité ne sera-t-elle jamais notre guide ? La bonne foi n'aura-t-elle jamais d'empire parmi nous ? Que mes aïeux aient été les vassaux d'un prince , que les vôtres aient été les vassaux d'un comte ou d'un baron; que je tienne l'existence d'un laboureur , que vous soyez issu d'un homme qui possédait un château et une terre inféodée ; est-ce bien de tout cela qu'il s'agit aujourd'hui ? Si la vanité trouve une ligne dans vos discours , je passe et fais des vœux pour la patrie. D'autre part, je vois des hommes dévoués s'attacher à prouver que leur dévouement est bien plus méritoire puisque , n'ayant rien à reconquérir , rien à attendre , ils ont cependant constamment défendu la cause de la légitimité au milieu des échafauds, des fusillades et des proscriptions. Représentans du peuple ! n'avez-vous que vous-mêmes à représenter ? Nos besoins, nos vœux, nos espérances vous sont connus. Notre suffrage vous a prouvé que nous connaissions d'avance votre mérite ; laissez donc là ces vaines paroles. Vos explications vous regardent, et votre conduite n'en a pas besoin. Mais l'état peut-il profiter de ces digressions au moins inutiles ? Votre opinion politique est plus modérée !... Ne le dites jamais et prouvez-le. Vous voulez le bien de la France ! c'est peu de le vouloir : il faut le saisir. L'opinion peut égarer un bon citoyen, comme les préjugés peuvent égarer un honnête homme ; mais la raison et la vérité n'égarent personne. La France a besoin d'être libre : qu'elle le soit. L'autel a besoin de secours, la religion de ministres : que l'autel soit secouru, que le sort des ministres soit allégé. *Les circonstances sont pénibles, les besoins de l'état sont trop grands !...* Mais oubliez-vous qu'il s'agit de sauver la France ? Or, les besoins physiques passent : les besoins moraux sont

plus urgens. L'instruction publique n'a éprou-
vé qu'une modification légère ; achevez l'ouvrage commencé. Les maximes de la révolution existent encore ; ces maximes sont
dangereuses : que des doctrines plus salutaires
les remplacent ! Il faut de l'économie dans un
état quand ses charges sont augmentées : eh
bien ! vous avez le pouvoir de supprimer et
de réduire ; votre sagesse y pourvoira.

La raison et la vérité s'élevant ainsi au-
dessus des opinions humaines, indiquent à
tout Français impartial le bonheur certain de
son pays. Ce ne sont pas là de vaines théories, des principes nouveaux, un système
créé par l'imagination. ... La passion du bien
public n'a pas environné de ses illusions,
quelquefois chimériques, ces idées d'une sim-
plicité admirable qui sont dans les vœux du
peuple, dans le cœur du monarque, et dans
la bouche même de ceux qui n'osent en faire
la salutaire application.

Je citerai encore l'ouvrage de *la Monarchie selon la Charte*, bien que je n'approuve
pas tout ce qu'il renferme ; bien qu'il combatte

un système de modération et de justice : celui de la fusion des partis ; bien que le mot *faction*, répété jusqu'à satiété, en rende la lecture pénible. Qu'on me permette de citer encore cet ouvrage. Tous les avantages, tous les principes du gouvernement représentatif sont là. L'auteur connaît l'opinion de la France, ses vrais besoins, ses moyens de salut ; et bien qu'il ait encouru la disgrâce du Prince et l'animadversion d'une classe de citoyens, je n'en rendrai pas moins hommage à son zèle, à l'utilité de son ouvrage, à sa courageuse sincérité.

Oui, Monsieur le Comte, ce sont les principes contenus dans la première partie de cet écrit, que professent unanimement ceux dont l'opinion n'a jamais été livrée à l'ambition des hommes ; ceux qui ne se sont pas déchiré les entrailles, mais qui, fléchissant eux-mêmes le genou, ont suivi la patrie sous le joug du despote, l'ont toujours défendue avec zèle, quelquefois même avec succès. Ces hommes invariables dans leurs sentimens ont eu pour ennemis tous ceux que les passions entraînent, et pour partisans tous les amis de l'ordre, de la justice, de la liberté.

Or, si vous tenez à cœur le suffrage de ces hommes honnêtes, vous adopterez avec eux les principes de Monsieur de Chateaubriand, non parce qu'ils sont dans son ouvrage, mais parce qu'ils sont antérieurs à l'opinion politique de ce Pair de France ; mais parce qu'ils sont les garans de notre bonheur commun. Vous rejetterez avec eux le système peu généreux d'exclusion dont il est parlé dans ce même ouvrage, non parce qu'il est sorti de la plume de son auteur, mais parce que vous ne pourrez concilier tous les intérêts et tous les amours-propres, qu'en admettant tous les Français à la distribution des faveurs de la couronne ; qu'en mettant à profit le zèle et les lumières ; qu'en laissant enfin les opinions s'oublier d'elles-mêmes dans le centre commun de l'intérêt national. Mais les traîtres, me direz-vous ! mais les ennemis de la légitimité, pouvons-nous leur laisser les moyens de nuire ? Ont-ils quelques droits à la faveur

du Prince ceux qui lui ont été infidèles ou
parjures, qui ont vu avec une joie atroce l'exil
de la famille royale ; qui ont arboré avec plaisir les couleurs odieuses de l'usurpation ?...
Je ne sais, Monsieur le Comte, si je puis à
bon droit vous prêter un pareil langage, car
il me semble que vous êtes là-dessus à l'abri
de tout reproche ; mais j'ai lu, dans une instruction adressée aux Préfets et signée DE
CAZES, qu'il fallait écarter des élections les
ennemis de la légitimité et les amis insensés
du trône ; et je me suis dit alors : comment
un ministre peut-il donner ainsi à des autorités inférieures le pouvoir de ravir à une
foule de citoyens l'exercice du plus sacré de
nos droits politiques, sur des suppositions qui
seraient déjà de l'injustice, si leur résultat n'é-
tait pas odieux? Quelle est donc cette incohé-
rence d'idées ? Quelle est cette contradiction
funeste ? Des hommes sont maintenus dans
leurs emplois, parce que leur opinion politique a trouvé grâce devant les principes ; et
ces mêmes hommes sont exclus des élections
parce que leur opinion politique, réelle ou

supposée, n'aura pas trouvé grâce devant un préfet !....

Mais ce n'est pas assez : je vois des exclusions d'un autre genre. Des *amis insensés* du trône, ou tels encore, ou supposés tels, sont privés de ces mêmes droits !.... Les amis insensés du trône ! les ennemis de la légitimité ! Monsieur DE CAZES, ai-je bien lu ? Croyez-vous qu'il pût rester une ombre de liberté dans notre patrie, si les autorités intermédiaires exécutaient à l'avenir des ordres aussi rigoureux ? Ignorez-vous qu'à l'aide de ces deux désignations, elles pourraient exclure la moitié des électeurs sans qu'il fût permis de leur adresser la moindre plainte ? Avez-vous calculé les suites funestes d'un exemple aussi dangereux ? Les amis *insensés* du trône ! On a beaucoup parlé de ces amis-là. Quels qu'ils soient, je les respecte ; car si je ne suppose jamais des intentions sans preuve, ce ne sera pas à l'égard de ces hommes que je violerai mes principes de modération. Les ennemis de la légitimité !... Non, je le répète, jamais vous ne parviendrez à cicatriser les plaies de la France tant que vous rappellerez ainsi des erreurs passées, tant que des paroles de paix n'annonceront pas le terme de nos divisions.... Eh quoi ! vous ne voulez plus de partis !.. Vous dites que *les principes de modération sont la règle du gouvernement et de sa politique* ; et les amis du trône, qui sont pourtant ses amis, ne sont plus à vos yeux que des *insensés* ! et les ennemis de la légitimité, qu'il vaudrait mieux oublier si vous voulez qu'ils s'oublient, sont toujours des *ennemis* ; qu'il faut exclure des hommes dangereux qu'il faut surveiller !.. Il est inutile, Monsieur le Comte, d'insister davantage sur ce point ; il est clair que les bons citoyens gémiront encore long-temps avant que la modération soit pour eux le gage assuré de la liberté publique. La chose est-elle donc impossible ? Hommes de paix, vous qu'on ne cherche pas, mais qui n'avez jamais été sourds à la voix de la patrie, dites-moi, votre opinion indépendante a-t-elle jamais cherché le triomphe dans la lutte toujours funeste des passions ? Dites-moi, la nation a-t-elle jamais été divisée à vos yeux en diverses classes de citoyens, dont les unes devaient être admises à la participation de nos droits publics, et les autres privées de leur jouissance ? Dites-moi, avez-vous jamais pensé que, pour maintenir la constitution, il fût nécessaire de violer la constitution même ; que, pour avoir une chambre de députés telle qu'on la désire, il soit permis d'écrire à un Préfet : *vous exclurez celui-ci ; vous admettrez celui-là ; vous ferez en sorte que tel individu ne soit pas porté pour candidat, que tel autre réunisse la majorité des suffrages ; et pour cela vous leur direz : le Roi veut, le Roi ordonne, le Roi désire, le Roi défend ?*

Dites-moi si, pour réprimer les factions, pour affaiblir les partis, vous en auriez augmenté le nombre ; si, au lieu de dire à ceux-ci : vous étiez dans l'erreur, votre zèle vous égarait, voyez mieux l'intérêt de l'état, jugez mieux les intentions du Monarque ; vous auriez eu l'imprudence de vous les aliéner pour toujours, par ce langage vraiment inouï : *vous êtes des insensés : dans votre aveugle-*

ment vous osiez dicter des règles à la sagesse même; vous prétendiez gouverner pour le Roi, et vous ébranliez ainsi le trône au lieu de l'affermir ; si, au lieu de gagner ceux-là par l'oubli d'une opinion, quelquefois inconsidérée, souvent même involontaire, vous les auriez aigris, exaspérés, en leur annonçant ainsi leur déchéance : *vous êtes les ennemis du trône et de la légitimité ; vous voudriez renverser l'un, écarter l'autre; vous êtes indignes de représenter le peuple français ?* Hommes sages, je sais combien, dans le danger, dans une circonstance impérieuse, l'amour de la patrie vous inspirerait de l'énergie, du courage, de la fermeté ! je sais que le coupable qui formerait des vœux criminels n'échapperait pas facilement à votre surveillance. Mais vous ne sépareriez pas ostensiblement le bon grain de l'ivraie : vous connaissez les révolutions, et vous avez étudié la nôtre. Vous parleriez peu; vous agiriez avec prudence ; et la liberté serait du moins apparente, s'il était absolument nécessaire d'en ajourner la réalité. Qu'a-t-on gagné à suivre une tactique contraire ? Je l'ai dit plus haut : des plaintes, des murmures , des reproches , des récriminations , et dans tous les partis le mécontentement et la tristesse : quand je dis tous les partis , je n'entends parler que des opinions honnêtes , car il en est un, le seul vraiment coupable , qui ne se laisse pas abattre par le désespoir. Les gens de ce parti n'ont pas considéré sans une joie cruelle ce que d'autres ont vu sans peine, sans douleur ; ils n'ont pas gémi de voir cette scission funeste qui isole ainsi le Monarque en divisant les intérêts, qui fait de tout un peuple cinq à six peuples différens ; car bientôt chaque région de la France aura son opinion, son but et son langage. Les habitans du midi seront des *ultra* , ceux de l'ouest des *jacobins blancs* , les royalistes du nord des *royalistes modérés* , et les Français de l'est des *partisans d'une dynastie étrangère.*

Pensez-vous, Monsieur le Comte, que les gens de ce parti soient aussi persuadés que vous l'êtes, que si une attaque nouvelle était dirigée contre la légitimité , les deux côtés de la salle se réuniraient aux cris de vive le Roi, pour sauver l'état, les Bourbons et la monarchie; ou que, d'accord sur le but, ils le fussent beaucoup sur les moyens? J'ai là-dessus quelques : idées passons toutefois. Je n'ai jamais été prophète de malheurs ; je n'aime pas à recevoir, je ne veux pas inspirer des alarmes. Oui, la France sera sauvée, sans doute, malgré nos erreurs ; oui, les passions, les intérêts individuels cesseront un jour de diriger nos cœurs, et la modération ne sera pas un vain mot, ainsi que l'amour du bien public et de la patrie. Mais quand nous en serons là, nous mesurerons des yeux l'espace immense que nous aurons parcouru, les détours que nous avons faits, les sinuosités que nous avons suivies, et nous serons alors plus étonnés de notre constance que nous ne le sommes aujourd'hui de notre aveuglement.

Votre discours à la chambre des députés, dans la discussion du projet de loi sur les journaux, promet à la France que cet espoir ne sera pas déçu ! .. Oh ! que ne puis-je, à votre exemple, en rapprocher l'heureuse époque ?... Que ne m'est-il permis de fixer un terme plus prochain à nos maux ?.. Mais le souvenir de toutes vos illusions me poursuit sans cesse ; l'injustice est d'ailleurs trop récente ; et les orages politiques nous ont battus en tant de sens divers, que nous sommes à la fin fatigués d'espérer aussi bien que de craindre.

Pourquoi l'ancienne noblesse a-t-elle été encore calomniée ?.. Pourquoi les élections ont-elles été ainsi conduites ?... Pourquoi le souffle des passions a-t-il encore troublé le calme dont la France commençait de jouir ?.. Pourquoi les désignations des partis ont-elles encore affligé les citoyens paisibles ? Pourquoi l'excès du dévouement, au lieu d'être arrêté avec prudence, a-t-il été l'objet de tant de violences, de tant d'injustes accusations ? Pourquoi les actes du Prince ont-ils été tournés contre la gloire du Prince ? Pourquoi son nom auguste a-t-il été invoqué dans la violation d'un droit sacré ? Que n'avez-vous pu, Monsieur le Comte, dispenser les Français de vous proposer ces questions éternelles !

Ce n'est pas que leur solution importe beaucoup à votre gloire ; la confiance du plus vertueux des Monarques sera toujours la preuve la plus irrécusable de votre amour pour la patrie, de votre zèle, de votre fidélité ; mais elle importe aux Français, dont vous contribuez à diriger, en quelque sorte, les destinées ; auxquels vous avez annoncé un avenir meilleur ; et qui, gémissant pour la plupart de voir encore ajourner la liberté publique, se demandent en soupirant comment ils peuvent espérer sitôt le terme de leurs souffrances, tant que les factions ne cesseront pas d'agiter leur malheureux pays.

Ces factions n'existent plus, me direz-vous : il y a des nuances d'opinions, mais il n'y a plus de partis en France ; l'ordonnance du 5 septembre a concilié tous les intérêts. Je serais ravi qu'un si grand bien fût le fruit de l'ordonnance royale, et je sais que tel en eût été en effet le résultat, si l'on n'avait pas pris le soin de l'expliquer ; mais enfin, nier l'existence des partis, c'est se consoler à peu de frais des maux de la patrie ; c'est se refuser d'ailleurs à l'évidence ; c'est repousser la triste vérité pour s'environner de vaines illusions. Les partis existent, et plus que jamais ; car toutes les opinions sont maintenant divisées. Chacun voit le bien public comme il l'entend ; chacun explique la constitution à sa manière. La Charte sert à la fois d'épée et de bouclier. Que l'on le veuille ! que l'on se trompe ! il est très-sûr que la mésintelligence existe ; qu'elle n'est pas seulement dans les discours, qu'elle est dans les esprits et dans les cœurs. Vous avez dit à la chambre des pairs, en présentant le projet de loi sur les journaux, que vous auriez pu faire à la chambre des députés un tableau plus rembruni de notre situation présente : je le crois sans peine, et je ne vois pas pourquoi vous avez préféré en imposer à la nation. C'était fournir trop libéralement des objections à la loi présentée, puisque l'arbitraire, toujours malheureux dans un état libre, est au moins inutile quand la lutte des factions n'en menace pas la tranquillité. Les partis existent, et comment n'existeraient-ils pas ?

A-t-on fait le moindre effort pour les éteindre ? En 1814 on marchait dans un sens, et dans le sens le plus opposé aux intérêts de la monarchie ; la monarchie croûla, et la France fut abîmée ; en 1815 une seule opinion donnait à tous les esprits la direction la plus salutaire ; les partis se taisaient. 80,000 soldats, fléchissant héroïquement devant le salut de l'état, s'étaient laissé renvoyer dans leurs foyers, sans plaintes, sans murmures ; le calme succédait à l'orage. Mais pour nous annoncer la chute de quelques hommes, on voulut de nouveau changer l'ordre des choses, et les passions s'éveillèrent avec fureur, et les partis, devenus plus nombreux par la subdivision d'une opinion prédominante, annoncèrent hautement à la France que ses révolutions étaient sans fin.

S'il est vrai, comme l'a dit avec raison M. le comte Molé, que les partis se nourrissent de leurs propres témoignages, comment seraient-ils éteints aujourd'hui où ces témoignages se reproduisent à toute heure aux yeux de la nation ; aujourd'hui où les accu-

sations répondent aux accusations ; où le blâme est repoussé par le blâme ; où chacun prenant pour soi la raison et l'expérience , gourmande au nom de la justice, offense au nom de la vérité ? Ah ! oui , sans doute , les partis existent !.. et l'homme de paix qui les fuit avec inquiétude peut seul les juger avec impartialité. Que ne lui est-il donné de faire entendre sa voix à la tribune ? il dirait, comme naguères un député de la dernière et de la nouvelle chambre : « Des hom-
» mes justes et dévoués ont été accusés de
» vouloir détruire la constitution : eh bien !
» ces hommes justes et dévoués aiment la
» constitution parce qu'ils aiment leur patrie ;
» leur conduite fut toujours aussi pure que
» leurs intentions ; que l'on cesse donc dé-
» sormais d'attaquer l'une , de blâmer les
» autres. Des hommes vertueux ont paru re-
» douter l'ardeur de leur zèle , l'excès de leur
» dévouement: eh bien ! cessons de le leur
» imputer à crime. Secondons d'un commun
» accord les vues paternelles du Souverain ;
» Français et citoyens , donnons tout à l'état »

» rien à nos amours-propres. Si nos opinions
» diffèrent, que la discussion les éclaire et ne
» les blesse pas. Qu'elles n'affectent jamais ni
» le dépit ni le triomphe. Nous voulons tous
» raffermir le trône ; la légitimité nous est
» chère à tous. Une sage liberté est le vœu
» et l'espoir de la France ; c'est là notre cen-
» tre commun : à quoi bon nous en écarter ?
» Rapportons-y plutôt tous nos soins, toutes
» nos affections, toutes nos pensées. Pour
» raffermir le trône, il nous faut de l'union :
» soyons unis de cœur, et laissons là nos vai-
» nes disputes. Pour garantir la légitimité, il
» faut de la modération et de la surveillance :
» soyons modérés et surveillans. Il faut enfin
» donner à la nation cette liberté publique
» qu'elle réclame, ou la reconnaître indigne
» d'un bien si précieux. Ne laissons donc pas
» s'éterniser ses plaintes ; ses sacrifices du-
» rent encore ; que dis-je ! ils se sont accrus
» avec ses malheurs !.... Lui refuserons-nous
» le seul dédommagement qu'elle nous de-
» mande ? Oubli de toutes nos erreurs, tant
» de celles du jour que de celles de la veille ;

» confiance mutuelle et réciproque ; patrio-
» tisme pur et dégagé de l'influence de l'o-
» pinion ; chercher le bien de l'état avec
» calme, et faire disparaître de nos discours
» de trop funestes digressions : tels sont , di-
» rait l'homme de paix , tels sont les vrais
» besoins du peuple , tels sont les vœux una-
» nimes de la nation. »

A quoi tient-il donc , M. le Comte , que ces vœux-là soient accomplis ? A quoi tient-il ? Mais à ce que les passions cessent une fois de gouverner la France. Cet heureux point fixé , tout le reste s'ensuit. Ce sont les passions qui ont noirci les députés de la dernière cham-bre ; ce sont les passions qui ont expliqué l'or-donnance du 5 ; ce sont les passions qui ont exclu des élections des hommes d'une pro-bité reconnue ; ce sont les passions enfin qui attaquent journellement le ministère , qui ne s'est encore défendu que par les passions.

Monsieur le Comte , vous êtes investi de la confiance d'un Monarque dont la sagesse est impassible. Vous voulez le bien de la France ; vous le cherchez de bonne foi ; vous le trouverez sans doute, parce qu'il faut bien que les illusions cessent quand la vérité se montre ; parce qu'il faut bien que la vérité se montre quand on veut la tirer du fond du puits. Vous avez, involontairement je pense, ajourné le bonheur de la patrie, en vous laissant entraîner à votre tour par les écarts d'un zèle trop ardent ; mais vous avez les moyens d'effacer de tous les cœurs le souvenir d'une injustice récente. Si je connais beaucoup de Français qui ont été obligés de vous accorder leur estime, il reste encore des hommes vertueux à vous concilier. Pourriez-vous bien dédaigner leur suffrage ? Non, sans doute. C'est à réunir toutes les opinions honnêtes ; c'est à les éclairer ; c'est à les respecter pour vous en faire un salutaire appui, que tendent tous les efforts de votre patriotisme. L'exagération ne sera jamais que de l'exagération ; mais la violence peut avoir des suites funestes. Tel *ultra* qui n'a besoin que d'un mot de douceur pour être ramené dans les limites d'une opinion raisonnable, se laissera-t-il persuader par quelques mois

d'emprisonnement ? Le sentiment de l'injustice fera plutôt de cet homme un conspirateur, si le raisonnement ne vient éclairer
l'ardeur de son zèle. Tel partisan de l'usurpateur peut s'accoutumer enfin à un ordre
de choses contraire à son intérêt personnel,
à ses projets d'agrandissement et de fortune,
qui, fatigué d'une surveillance injurieuse, se
jettera dans une association criminelle, pour
nourrir jusques dans les fers le coupable espoir de satisfaire un jour et son ambition et
sa vengeance. C'est donc par la modération
que vous sauverez la France ; c'est par la justice que vous ferez disparaître jusqu'à la dé-
signation des partis. Vous excuserez le roya-
liste immodéré, parce que son opinion exal-
tée n'a rien de funeste. Vous oublierez les
erreurs nouvelles de celui qui a rêvé naguères l'usurpation, tout comme les vieilles erreurs de celui qui rêve encore la république.
Vous placerez les uns et les autres, non pour
qu'ils se surveillent, mais afin qu'ils puissent
se voir, s'entendre, se concilier. Vous ne sup-
poserez pas facilement des conspirations,

mais tout conspirateur trouvera dans votre activité le terme de ses illusions, et dans la sévérité des tribunaux le terme de son exis‑tence. Vous ne dirigerez pas à l'avenir les élections, parce que l'influence du gouvernement ne doit pas s'exercer sur l'acte le plus important de la liberté du peuple, et parce que cette direction est d'ailleurs placée hors des attributs de votre ministère. Vous ferez en sorte qu'on ne parle plus de la noblesse ni du clergé, mais qu'on respecte l'une et qu'on révère l'autre. Vous sauverez enfin la France d'elle-même, en suivant de point en point les intentions de notre Souverain magnanime ; en exécutant ses intentions comme elles méritent de l'être, sans passion, sans orgueil, sans faste, sans triomphe. La vérité, l'impartialité, la jus‑tice : tout est là. La gloire du prince rejaillira sur vous ainsi que le bonheur de la patrie.

Je ne m'excuse point sur une aussi longue lettre, ni sur des conseils pour le moins témé‑raires, ni sur des craintes et des reproches peut‑être mal fondés. J'ai dit, à la vérité, que je n'étais rien ; mais je ne veux pas finir sans relever cette inexactitude. J'espère n'oublier jamais, quelque dégradation qu'éprouve mon pays, que la qualité de Français comptera toujours pour quelque chose.

J'ai l'honneur d'être, Monsieur le Comte, etc. etc.

FIN.

www.ingramcontent.com/pod-product-compliance
Lightning Source LLC
Chambersburg PA
CBHW061252060726
47596CB00002B/567